Dieses Notizbuch Gehört

HALLOWEEN

HALLOWEEN

HALLOWEEN

HALLOWEEN

RIP

HALLOWEEN

HALLOWEEN

HALLOWEEN

HALLOWEEN

HALLOWEEN

HALLOWEEN

HALLOWEEN

HALLOWEEN

HALLOWEEN

HALLOWEEN

HALLOWEEN

HALLOWEEN

HALLOWEEN

HALLOWEEN

HALLOWEEN

HALLOWEEN

HALLOWEEN

HALLOWEEN

HALLOWEEN

HALLOWEEN

HALLOWEEN

HALLOWEEN

HALLOWEEN

HALLOWEEN

HALLOWEEN

HALLOWEEN

HALLOWEEN

HALLOWEEN

RIP

HALLOWEEN

HALLOWEEN

HALLOWEEN

HALLOWEEN

HALLOWEEN

HALLOWEEN

HALLOWEEN

HALLOWEEN

HALLOWEEN

HALLOWEEN

HALLOWEEN

HALLOWEEN

HALLOWEEN

HALLOWEEN

HALLOWEEN

HALLOWEEN

HALLOWEEN

HALLOWEEN

HALLOWEEN

HALLOWEEN

HALLOWEEN

HALLOWEEN

HALLOWEEN

HALLOWEEN

HALLOWEEN

HALLOWEEN

HALLOWEEN

HALLOWEEN

HALLOWEEN

HALLOWEEN

HALLOWEEN

HALLOWEEN

HALLOWEEN

HALLOWEEN

HALLOWEEN

HALLOWEEN

HALLOWEEN

HALLOWEEN

HALLOWEEN

HALLOWEEN